ORAISON FUNÈBRE

DE

MONSEIGNEUR COLET

ARCHEVÊQUE DE TOURS

PRONONCÉE PAR

MGR FREPPEL, ÉVÊQUE D'ANGERS

LE 15 JANVIER 1884

DANS L'ÉGLISE MÉTROPOLITAINE DE TOURS

SE VEND AU PROFIT DE L'UNIVERSITÉ CATHOLIQUE D'ANGERS

ANGERS
GERMAIN ET G. GRASSIN, RUE SAINT-LAUD
Imprimeurs de Mgr l'Évêque et du Clergé

1884

ORAISON FUNÈBRE

DE

MONSEIGNEUR COLET

ARCHEVÊQUE DE TOURS

PRONONCÉE PAR

MGR FREPPEL, ÉVÊQUE D'ANGERS

LE 15 JANVIER 1884

DANS L'ÉGLISE MÉTROPOLITAINE DE TOURS

SE VEND AU PROFIT DE L'UNIVERSITÉ CATHOLIQUE D'ANGERS

ANGERS

GERMAIN ET G. GRASSIN, RUE SAINT-LAUD

Imprimeurs de Mgr l'Évêque et du Clergé.

1884

ORAISON FUNÈBRE

DE

MONSEIGNEUR COLET

ARCHEVÊQUE DE TOURS

PRONONCÉE LE 15 JANVIER 1884, DANS L'ÉGLISE MÉTROPOLITAINE DE TOURS

PAR

Mgr FREPPEL, ÉVÊQUE D'ANGERS

> *Ideo habentes administrationem, juxta quod misericordiam consecuti sumus, non deficimus.*
>
> « C'est pourquoi ayant l'administration des choses saintes selon la miséricorde que nous avons obtenue, nous ne savons pas ce que c'est que la défaillance. »
>
> (2e aux Cor., IV, 1).

MES FRÈRES,

Il y a neuf ans, du haut de cette chaire, je payais le tribut de ma vénération et de mes regrets à l'avant-dernier de vos archevêques. Je ne croyais pas être appelé si tôt à rendre le même devoir au successeur de Monseigneur Fruchaud. Cette pensée de tristesse, j'aimais à l'écarter, parce que, dans la situation où se trouve notre pays, la mort d'un Évêque n'est pas seulement un sujet de deuil dans le présent, mais encore un motif d'inquiétude pour l'avenir. J'aimais à l'écarter devant un épiscopat qui semblait vous promettre une plus longue durée. Sans doute l'éminent Prélat dont nous pleurons la perte était arrivé au milieu de vous laissant déjà derrière lui près d'un demi-siècle de ministère sacerdotal ; mais, à le voir encore si plein de vigueur jusque dans un âge avancé, on se rappelait cette parole de la sainte Écriture : *Usque in senectutem permansit illi virtus* (1). Un coup inattendu allait tromper nos espérances, en frappant le Pontife dans l'exercice de ses fonctions saintes, comme le soldat qui tombe sur le champ de bataille. Il avait plu à Dieu d'avancer pour son fidèle serviteur le jour de l'éternelle récompense.

Grande page, Mes Frères, dans l'histoire d'une province que cette succession d'Évêques se passant de main en main la houlette pastorale ! C'est par elle surtout que se manifestent l'unité et la perpétuité de la vie sociale à travers toutes les vicissitudes des événements. Depuis l'époque lointaine où votre ville était devenue le chef-lieu de la troisième Lyonnaise jusqu'au milieu du xixe siècle, que de changements dans votre état politique et civil ! Cette contrée que la Providence s'est plu à combler de ses dons, je la vois passer successivement sous vingt régimes divers, des Visigoths aux Francs,

---

(1) Eccli. xlvi, 11.

de l'Austrasie à la Neustrie et à l'Aquitaine, des comtes de Tours aux ducs d'Anjou, de l'Angleterre à la France, avant d'unir ses destinées pour toujours à celles de la patrie commune. Souveraineté territoriale, administration, fortune militaire, tout a varié d'âge en âge sur ces rives de la Loire témoins de tant et de si grandes choses. Il n'y a qu'une institution qui ait traversé votre histoire, toujours la même et n'ayant rien perdu de sa vigueur dans son immortelle jeunesse. Seule, la dynastie épiscopale y est restée debout comme à son origine et sans aucune interruption, reliant la chaîne des temps par dessus les hommes et leurs œuvres. Elle est l'arbre généalogique au tronc duquel se rattache depuis dix-huit siècles tout ce qu'il y a eu parmi vous de puissance et de grandeur morales.

Aussi bien aucune gloire n'aura-t-elle manqué à cette lignée sacerdotale dans le cours de sa longue histoire : ni les mérites de la sainteté, avec les Gatien, les Lidoire, les Martin, les Perpétue; ni les lumières de la science et de l'érudition, avec les Grégoire, les Hildebert, les Boisgelin; ni l'éclat du rang et des services, avec les Georges d'Armagnac, les Simon de Maillé, les Matthieu d'Hairvault, les Jacques de Rastignac. Faut-il s'étonner que, dans le monde chrétien, le nom de la Touraine soit devenu inséparable du nom et de la dignité de ses archevêques! Faut-il s'étonner que vos tristesses prennent le caractère d'un deuil public, chaque fois que la mort vient recouvrir d'un voile funèbre la chaire métropolitaine? Ces sentiments qui honorent une grande cité, vous les avez manifestés de nouveau il y a quelques semaines, et j'en ai encore le cœur tout ému. De ces funérailles qui ressemblaient à un triomphe, on avait bien pu écarter pour la première fois des honneurs que la sagesse politique envisageait jusqu'ici comme une manifestation propre à rehausser dans l'esprit des peuples le principe d'autorité; mais à défaut d'un concours dont on pouvait regretter l'absence, une foule nombreuse témoignait par son recueillement que pour la ville de Tours il n'est pas de gloire plus haute ni plus pure que d'avoir été le siège de saint Martin et d'être restée celui de ses successeurs.

Et maintenant, Mes Frères, quelle sera parmi les cent vingt-sept successeurs de saint Martin la place réservée au Pontife dont la vie fera l'objet de ce discours? Bossuet disait: on définit les hommes par ce qui domine en eux. Fidèle à cette maxime, j'ai dû rechercher dans un tel ensemble de qualités et de vertus la note dominante, le trait caractéristique, le point central auquel se ramène tout le reste. Saint Paul me paraît l'avoir indiqué dans les paroles que j'ai prises pour texte: *Ideo habentes administrationem juxta quod misericordiam consecuti sumus, non deficimus.* « Ayant reçu par la miséricorde de Dieu l'administration des choses saintes, nous ne savons pas défaillir. » Oui, certes, administrateur du domaine des âmes, le vénéré défunt l'a été dans le sens complet du mot; et ce n'est pas rendre à ses mérites un faible hommage, que de lui décerner un pareil titre. Il y a dans la charge épiscopale, outre la mission du pontife et du docteur, une fonction non moins importante, celle du gouvernement. Pour la remplir avec fruit, il faut y apporter autant de sagesse que de fermeté, un jugement sûr, des habitudes laborieuses, les vues d'ensemble et l'examen du détail, la connaissance des hommes jointe au respect des principes et à l'observation des faits, toutes choses qui demandent une grande application d'esprit et une droiture de conscience non moins remarquable. C'est par là qu'a excellé le Pontife dont le pieux souvenir nous réunit dans cette enceinte; et je croirai l'avoir fait revivre pour un instant au milieu de vous, en montrant par quels degrés il était arrivé à cette science de l'administration spirituelle, et comment il a su la mettre en pratique sans jamais défaillir: *Ideo habentes administrationem non deficimus*. Telle sera la matière de l'éloge que je me propose de consacrer à la mémoire de votre révérendissime et illustrissime Père en Dieu, Monseigneur Charles-Théodore Colet, archevêque de Tours.

I

C'est chose admirable, Mes Frères, de suivre et d'étudier les voies par où Dieu se plaît à conduire ses serviteurs. Qui eût dit à ce petit pâtre des Vosges gardant le troupeau de la ferme paternelle dans les forêts de la haute Vologne qu'il serait appelé un jour à s'asseoir sur le siège illustré par Richelieu, et plus tard dans la chaire de saint Martin? Quelque loin que je remonte dans le cours de sa vie, je le vois passer sa première enfance sur les bords de ce lac de Gérardmer à l'aspect si grandiose, aux sites d'une beauté si sévère ; en face de ces montagnes par-dessus lesquelles l'Alsace et la Lorraine se donnent la main comme deux sœurs que rien ne pourra jamais séparer de la mère-patrie : terre de granit dont les habitants semblent participer du sol qui les voit naître par l'énergie et la ténacité du caractère : contrée rebelle à la culture, où l'homme en lutte permanente avec la nature n'obtient d'elle que ce qu'il peut lui arracher à force de travail et de persévérance; vraie pépinière de soldats et de prêtres, où l'esprit militaire et le dévouement sacerdotal trouvent un milieu également favorable au développement de l'un et de l'autre. Quand la grâce vient saisir ces robustes natures pour les transformer sous l'action d'en haut, il en résulte des âmes vigoureusement trempées, rompues à la fatigue, respectueuses de tout ce qui s'appelle la règle, le devoir, la discipline, ayant gardé de la terre natale quelque chose de grave et d'austère, mais sachant allier sous une enveloppe un peu rude la bonté à la force, et tempérer la grandeur par la simplicité.

A ces traits vous avez reconnu celui que Dieu destinait à devenir le Pasteur et le Père de vos âmes. C'est avec un sentiment profond de piété filiale qu'il pourra dire un jour à ses diocésains de Luçon : « Nous avons été élevé par des parents chrétiens qui nous ont transmis avec la vie le respect dont ils étaient pénétrés eux-mêmes pour le sacerdoce de Jésus-Christ (1). » Mais quelque précoce que pût être le germe de vocation déposé dans son âme par la grâce divine, il n'en fallait pas moins, pour en assurer le développement, l'un de ces noviciats que l'Église a soin d'établir en vue de former ses futurs ministres. Ah ! si la fonction du prêtre se réduisait à celle d'un professeur de morale ou de métaphysique appelé à disserter plus tard dans une chaire d'académie, on comprendrait que son éducation pût ressembler à celle de tout le monde. Mais son ministère est d'un ordre infiniment plus élevé. Médiateur entre le ciel et la terre, il devra offrir tous les jours la victime sainte sur l'autel du sacrifice. Médecin des âmes, il aura pour mission de guérir des blessures dont il doit avoir

---

(1) Lettre pastorale du 25 août 1861, à l'occasion de la prise de possession du siège de Luçon.

appris à se préserver lui-même. Homme de prière et de méditation, il cherchera ses joies les plus intimes au pied de son crucifix et au milieu de ses livres. La pureté du cœur, la virginité de l'âme, voilà sa force, voilà son honneur. Que nous parlez-vous dès lors d'éducation commune à toutes les professions, de mélange des clercs au reste de la jeunesse, de contact anticipé avec les désordres et les souillures du monde ? Non, non, ce n'est pas à de tels dangers qu'il faut exposer les vocations sacerdotales, sous prétexte de vouloir les éprouver ; ce n'est pas en respirant une atmosphère viciée que l'on évite la contagion ; ce n'est pas au souffle des passions humaines qu'il convient d'abandonner l'innocence et la vertu, quand on veut leur conserver toute leur fraîcheur et leur délicatesse. Le prêtre est un homme à part : son éducation doit être en rapport avec sa condition exceptionnelle et unique ; c'est loin du monde, dans le silence de l'étude et de la prière, qu'il a besoin de se préparer à sa haute mission, s'il veut travailler efficacement à la gloire de Dieu et au salut des âmes.

Tel est aussi, Mes Frères, le sentiment qui animait votre Archevêque, lorsqu'il vous recommandait avec tant d'instance l'Œuvre de Saint-Joseph destinée à favoriser parmi vous le recrutement des écoles du sanctuaire (1). Sa propre expérience ne lui avait-elle pas fait

---

(1) Instruction pastorale du 5 novembre 1875; lettre circulaire du 31 mai 1879.

comprendre la haute nécessité de ces établissements, après qu'il était venu, au séminaire de Versailles, achever une éducation commencée dans un modeste presbytère de campagne, à Voménil et à Pontchartrain, sous la direction d'un prêtre auquel son affection pour sa famille inspirait une sollicitude plus profitable encore aux intérêts de l'Église ? Le jeune lévite s'y montra, dès le début, tel qu'il ne devait cesser d'être dans toute la suite de sa carrière sacerdotale : esprit droit et judicieux, plus solide que brillant, cherchant en toutes choses la juste mesure, moins préoccupé de la beauté et de l'élévation des doctrines que de leur portée pratique, prêtre assidu au travail, ne s'épargnant aucune fatigue pour remplir ce qu'il regardait comme son devoir, éloigné de tout désir de paraître, plein de réserve dans ses appréciations, ferme sans roideur, consciencieux jusqu'au scrupule, et manifestant par toute sa conduite un grand esprit de sacrifice et de désintéressement. On le vit bien, quand placé jeune encore à la tête de la paroisse de Montesson, il eut l'occasion de déployer son zèle en face d'une cruelle épidémie qui était venue ravager son troupeau. A l'exemple des Charles Borromée et des Belzunce, l'abbé Colet accourt partout où le danger l'appelle, organise les secours, visite les malades jour et nuit, leur prodigue les soins du corps avec les consolations spirituelles, et bien qu'ayant ressenti lui-même les premières atteintes du fléau, n'en continue pas moins son ministère sans repos ni trêve, montrant ainsi tout ce qu'il y a de dévouement dans le cœur du prêtre quand c'est la foi qui le guide et la charité qui l'inspire.

Dieu l'en récompensa par le don d'une amitié qui allait devenir l'honneur et le charme de sa vie. Ému de tout le bien opéré par l'abbé Colet au milieu d'une paroisse qui auparavant avait été la sienne, le prêtre éminent dans lequel nous saluons aujourd'hui le vénérable doyen de l'Épiscopat français, fit de lui son auxiliaire à Notre-Dame de Versailles, pour se l'associer plus tard dans l'administration du diocèse de Dijon. Touchant spectacle, Mes Frères, que l'intimité de ces deux âmes si bien faites pour se comprendre et pour s'attacher l'une à l'autre! A les voir unies entre elles un demi-siècle durant par une communauté si étroite de sentiments, on se rappelait ces paroles de l'Écriture : *Hi sunt duæ olivæ et duo candelabra in conspectu Domini stantia.* « Ils étaient comme deux oliviers, comme deux candélabres debout côte à côte en présence du Seigneur (1). » Même esprit de paix et de douceur, mêmes lumières puisées aux sources de la doctrine. Tant qu'ils furent rapprochés l'un de l'autre, il n'y eut entre l'Évêque et son pieux collaborateur d'autre distance que celle de la hiérarchie elle-même. Jamais on ne vit plus

---

(1) Apocalypse, xi, 4.

de conformité dans la pensée, ni plus d'unité dans l'action. Modeste autant que laborieux et fidèle, le vicaire-général de Dijon s'effaçait avec soin derrière le premier pasteur, pour lui laisser tout le mérite du bien qu'ils accomplissaient ensemble dans ce vaste diocèse où tant de choses étaient en souffrance. Attentif à prendre pour lui la plus grande part possible dans la peine et dans la responsabilité, il s'efforçait de faire remonter plus haut l'honneur qui aurait pu lui en revenir. L'abbé Colet portait d'ailleurs dans le maniement des affaires cette sagesse et cette prudence qui font éviter les conflits, ou du moins trouver le moyen de les terminer heureusement, quand elles ne parviennent pas à les prévenir ; cet esprit de justice qui, joint à une vraie bonté d'âme, éloigne la crainte et appelle la confiance ; cet empire sur soi-même qui, s'il ne défend pas toujours un supérieur contre la surprise d'un premier mouvement, lui permet de reconnaître une erreur ou de confesser un tort ; ce grand fond d'honnêteté et de droiture auquel il est si difficile de ne pas rendre hommage, alors même que l'amour-propre et la passion sont en jeu ; et, par-dessus tout, cet amour de la règle, ce respect de la discipline et cette application au détail également nécessaires dans l'art de l'administration.

C'est, en effet, dans cette branche du ministère pastoral que devait exceller un esprit si patient et si façonné au travail : *Ideo administrationem habentes, non deficimus.* L'Église, Mes Frères, est une société parfaite qui doit posséder tous les moyens nécessaires pour remplir sa mission. Sans doute, cette mission s'exerce plus particulièrement dans l'ordre spirituel ; mais, de même que l'âme ne saurait se passer des organes du corps, ainsi certaines conditions matérielles sont-elles indispensables pour la vie d'une société appelée à se mouvoir dans le temps et dans l'espace. Il faut à la religion de quoi pourvoir à l'entretien de ses ministres, aux besoins d'un culte extérieur et public. Les siècles chrétiens l'avaient compris en dotant l'Église d'un patrimoine qu'ils appelaient dans leur magnifique langage le patrimoine de Dieu et des pauvres. Il leur semblait que le droit de propriété prendrait aux yeux des peuples un caractère d'autant plus inviolable et plus sacré, que le sacerdoce lui-même serait appelé à l'exercer dans toute sa plénitude. Ce fut, de la part des novateurs du siècle dernier, une grave erreur de s'imaginer qu'en dépouillant l'Église de ses biens, ils serviraient utilement les intérêts de l'État. Outre qu'ils portaient au principe de la propriété un coup fatal et dont il ne s'est plus entièrement relevé depuis lors, ils privaient de liberté et d'indépendance le corps qui en a le plus besoin pour l'accomplissement de sa mission. A partir de ce moment-là, il a fallu reprendre par la base l'œuvre des temps passés, reconstituer péniblement le patrimoine de l'Église sous l'empire d'une législation soupçonneuse et défiante, hérissée d'entraves et de difficultés, mesurant aux catholiques avec parcimonie le droit d'assurer l'avenir de leurs établissements. Et, comme s'il était écrit que les leçons de l'expérience seraient perdues pour nos contemporains, nous voici, à l'heure présente, réduits à défendre cette législation même, quelque défectueuse qu'elle soit, contre ceux qui semblent avoir pris à tâche de chasser Dieu de nos temples, après avoir effacé son nom de nos lois et de toutes nos institutions.

Peu de prêtres, Mes Frères, peu d'évêques de nos jours auront mieux compris que le vénéré défunt combien l'administration temporelle des paroisses mérite de soins et d'attention. Veiller à la stricte observation de la discipline, introduire de l'ordre et de la régularité dans la gestion des fabriques, assurer au culte divin jusque dans le moindre village, sinon une pompe souvent impossible, du moins une décence toujours convenable, concilier avec les maximes du droit canonique une législation civile qui s'en écarte trop facilement, stimuler le zèle des pasteurs et encourager la bonne volonté des fidèles pour l'embellissement de la maison de Dieu, inculquer à tous le respect des saintes règles de la liturgie, telle était la préoccupation constante du vicaire-général de Dijon ; et vous savez, vous, Messieurs, qui deviez être un jour ses coopérateurs dans le diocèse de Tours, vous savez quelle sollicitude votre Archevêque ne cessait de porter dans l'administration du temporel des églises : *ideo administrationem habentes non deficimus.*

Ne croyez pas toutefois qu'une application si soutenue aux choses extérieures et matérielles de la religion lui ait fait négliger la fonction la plus haute du ministère sacerdotal, je veux dire le soin des âmes. Pendant ces vingt-trois années vers lesquelles il éprouvait tant de bonheur à reporter ses souvenirs, il n'est pas d'œuvre importante de foi et de piété à laquelle il n'ait associé son nom. S'agit-il d'ouvrir aux enfants de saint Dominique les murs de Flavigny, d'établir les vierges du Carmel à Beaune, de diriger les filles de saint François de Sales dans les voies de la perfection, je le vois pénétré d'un zèle ardent pour le progrès des communautés religieuses, les appuyant de son autorité, leur prodiguant ses conseils soit de vive voix soit par une correspondance active, s'occupant de leur organisation jusque dans les moindres détails, et d'autre part, employant tout ce qu'il lui restait de temps et de forces pour remplir à l'égard de quiconque venait s'adresser à lui un ministère qu'il ne savait refuser à personne : *omnibus omnia factus, ut omnes faceret salvos* (1).

Ah ! Mes Frères, l'on se demande quelquefois comment la France a pu rester la nation catholique par excellence, malgré tous les assauts livrés à sa foi par tant d'ennemis conjurés contre elle. Si vous voulez avoir l'explication d'un fait si merveilleux, voyez ces légions de prêtres

---

(1) 1re aux Cor. ix, 22.

qui, à l'exemple de l'abbé Colet, se dépensent au service de leurs frères pour entretenir et ranimer en eux le sentiment du devoir et l'amour des vertus chrétiennes; ces congrégations religieuses qui se font les auxiliaires du sacerdoce par la prière et par l'exemple; ces milliers de chaires d'où descend chaque dimanche un enseignement qui éclaire, console, fortifie, et prépare les âmes à leurs destinées éternelles; ces foyers d'éducation religieuse où les générations se succèdent pour y puiser tour à tour la lumière et la vie; ces œuvres innombrables, ces institutions de toute sorte qui, de la ville épiscopale jusque dans la paroisse la plus reculée, enveloppent les peuples d'un immense réseau de dévouement et de charité ; et enfin, ces apôtres de la foi qui partent chaque année de la terre française pour aller porter l'Évangile dans les contrées les plus lointaines. Il y a là une puissance morale qui défie toutes les attaques et toutes les contradictions. A la vue d'un spectacle si consolant, il est permis de se dire, en jetant vers l'avenir un regard de confiance : avec son admirable clergé, qui fait à la fois son honneur et sa force, la France restée fidèle à ses grandes traditions ne cessera jamais de mériter le titre de fille aînée de l'Église.

II

Ce qui fait le mérite de la vertu, c'est moins son éclat que sa constance et sa fidélité. Il n'est pas difficile, à un moment donné, de s'élever au-dessus de soi par l'effort d'une bonne volonté aidée de la grâce. L'énergie humaine, servie par les circonstances, trouve sans trop de peine ces élans passagers qui la laissent bien vite retomber sur elle-même. Mais la vertu n'est pas le triomphe d'une heure ni d'un jour; sa grandeur, comme ses difficultés, consistent dans sa persévérance. « C'est toujours, écrivait l'apôtre, qu'il faut faire le bien, » *semper quod bonum est sectamini* (1). Aussi les belles vies aux yeux de la foi ne sont pas celles où dans une longue suite de défaillances on peut découvrir l'une ou l'autre action extraordinaire. Avoir fait preuve d'héroïsme une fois dans sa vie ne suffit pas pour porter au front l'auréole de la sainteté; mais rester continuellement l'homme de la règle et du devoir; suivre d'un pas ferme et jusqu'au bout la voie du bien; reprendre chaque jour, sans lassitude ni faiblesse, ce travail d'une âme se réformant elle-même; puiser dans le sacrifice de la veille la force d'accomplir celui du lendemain; rattacher une bonne œuvre à l'autre comme les anneaux d'une chaîne dont

---

(1) 1ʳᵉ aux Thess., V, 15.

chacun se relie à celui qui le précède et soutient celui qui le suit ; consommer dans le silence cette immolation lente et prolongée des sens à l'esprit, de l'intérêt au devoir, de la passion à la loi, de la volonté propre à l'autorité, du bien particulier au bien général, de toute l'existence à Dieu : voilà, Mes Frères, la vraie perfection de la vie.

Ne vous semble-t-il pas que je vienne de résumer la vie de Monseigneur Colet depuis le jour où il était monté sur le siège de Luçon, après avoir acquis dans les rangs inférieurs de la hiérarchie cette science de l'administration qu'il allait déployer sur un théâtre plus élevé? Non, ne cherchez ni le bruit ni l'éclat dans la carrière d'un homme qui n'avait rien tant à cœur que d'éviter l'un et l'autre. Mais quelles journées pleines et fécondes dans cette vie d'évêque où tout appartient au devoir et à la règle ! Le repos de la nuit n'y trouve place que dans les limites au-delà desquelles la nature refuserait ses forces. Les exercices de piété s'y succèdent avec une ponctualité qui ne se laisse surprendre par rien d'inattendu. Arrive l'heure du travail, et cette heure matinale devance de beaucoup celle où la plupart commencent leur journée. Il s'agit de veiller aux affaires de tout un vaste diocèse, et l'infatigable Prélat ne peut se résoudre à confier à d'autres mains que la sienne le soin de répondre à ceux qui le consultent. Du reste, pas de relâche ; nul besoin de distraction ; rien qui l'enlève au travail même pour un moment. Les repas, il les abrège le plus possible ; les relations du monde, il les renferme dans les limites les plus étroites de la politesse chrétienne, et les conversations ne sont pour lui qu'un moyen de s'éclairer lui-même ou d'obliger les autres. On dirait les habitudes austères d'un Trappiste ou d'un Chartreux transportées au milieu du palais épiscopal. Il y a pourtant des époques dans l'année où les soins de l'administration font place aux labeurs de l'apostolat : alors je le vois se transformer en missionnaire qui parcourt les campagnes de la Vendée, visite une paroisse après l'autre, évangélise les grands et les petits, répand sur tous les grâces de son ministère, et cela simplement, avec l'exactitude et l'esprit d'ordre qu'il sait porter en toutes choses, sans lassitude ni défaillance : *ideo administrationem habentes non deficimus*

Et quel était, Mes Frères, le ressort intime de cette activité sacerdotale ? Une conscience droite et incapable de trahir ce qui lui paraissait un devoir. Cette qualité maîtresse, je la retrouve chez Monseigneur Colet, là même où l'événement ne devait pas justifier ses prévisions. Lorsque, après huit ans d'épiscopat, il se vit appelé à siéger au concile du Vatican, l'Évêque de Luçon savait fort bien que l'infaillibilité doctrinale du Souverain-Pontife ne constituait plus une opinion libre, qu'il n'eût été licite pour personne de l'attaquer au fond, parce que, tout en n'étant pas encore définie par l'Église, elle faisait partie de l'enseignement commun des Pères et des théologiens, à peu d'exceptions près, et que l'erreur contraire avait déjà été improuvée à maintes reprises par le Siège apostolique. Aussi n'eut-il garde de combattre la doctrine elle-même, se bornant à contester l'opportunité d'une définition. Craignait-il une recrudescence d'hostilité contre l'Église par suite d'un acte qui pourtant laissait debout tous les droits et ne modifiait en rien l'état des choses dans la société civile? Pensait-il que l'esprit de révolte, si répandu à notre époque, comprendrait difficilement cette haute et solennelle affirmation du principe d'autorité dont le Pape est la personnification suprême? Ou bien son humilité même lui inspirait-elle une déférence excessive pour les hommes vénérables dont il s'était fait une loi de suivre la direction? Une chose certaine, c'est qu'il eût été difficile de se tromper avec des intentions plus pures. On le vit bien, lorsque, à peine de retour à Luçon, le premier peut-être parmi les Évêques de France, il s'empressa de réformer le catéchisme diocésain dans le sens de la définition qui venait de consacrer une doctrine dont il pouvait dire en toute sincérité « qu'il l'avait toujours considérée comme théologiquement certaine... En l'élevant à la dignité d'un dogme catholique, ajoutait-il, le saint Concile du Vatican n'a fait, en ce qui nous concerne, qu'ajouter le mérite d'un acte de foi à ce qui était antérieurement l'objet de notre croyance (1). »

---

(1) Lettre-circulaire au clergé de Luçon, du 22 août 1870.

Monseigneur Colet avait, en effet, l'esprit trop juste pour ne pas voir que l'infaillibilité doctrinale du Souverain-Pontife est l'une des vérités les plus clairement enseignées dans l'Écriture sainte et dans la Tradition ; qu'elle est le ciment indestructible de la divine constitution de l'Église ; qu'on ne saurait y porter atteinte sans bouleverser toute l'économie de la foi ; que le chef suprême d'une Église infaillible doit être nécessairement infaillible comme elle ; que le fondement d'un édifice inébranlable doit être inébranlable comme lui ; et que, d'ailleurs, cette infaillibilité en matière de doctrine est précisément ce qui fait l'incomparable certitude de la foi, comme elle assure à l'obéissance son honneur et sa dignité.

Pourquoi faut-il que des événements désastreux soient venus interrompre ces grandes assises de la chrétienté dont la continuation aurait pu être si salutaire pour l'Église et pour la société civile elle-même ? Est-il besoin de vous dire, Mes Frères, que nos malheurs publics allaient trouver chez l'Évêque de Luçon un dévouement à toute épreuve ? Enfant de cette brave Lorraine où le patriotisme va de pair avec la foi, comment n'aurait-il pas ressenti au fond de l'âme les humiliations de la France, et cherché tous les moyens d'adoucir les maux qui en étaient la suite ? Créer des ambulances, ouvrir ses établissements diocésains aux soldats blessés, organiser des secours pour ceux qui éprouvaient les souffrances de la captivité sur la terre étrangère, venir en aide à leurs familles délaissées, solliciter des aumônes en faveur des orphelins de la guerre, rien de ce qui pouvait consoler les douleurs de la patrie, n'échappa au cœur du zélé Pontife dans ces temps de calamité dont notre génération a conservé l'amer souvenir. Puissent du moins ces grandes leçons de l'adversité n'être pas perdues pour la France, et rallier tous ses fils, à l'heure du péril, autour d'un drapeau resté si longtemps le signe de l'honneur et le témoin de la victoire !

Il semblait, Mes Frères, que des liens si étroits avec l'Église de Luçon, liens resserrés dans les jours d'épreuve, ne dussent jamais être rompus. C'était l'espoir de Monseigneur Colet, avant que le Père commun des fidèles lui eût demandé un sacrifice si douloureux pour un pasteur attaché à son troupeau. Oh ! certes, nulle pensée d'ambition n'avait effleuré l'âme du saint prêtre qui, dans ses épanchements intimes, poussait la modestie et le désintéressement jusqu'à traiter « d'humiliation pour l'Église » son élévation à l'épiscopat. Il eût aimé vivre et mourir au milieu de cette famille religieuse à laquelle il s'était donné tout entier. Aussi n'est-ce pas sans un profond déchirement de cœur qu'il dit adieu à ces énergiques populations de la Vendée qui l'avaient tant de fois réjoui par la simplicité de leurs mœurs et la vigueur de leur foi ; à ce clergé au sein duquel les Baudouin et les Montfort ont laissé un héritage impérissable de vertus sacerdotales ; à ces communautés si florissantes des Frères de Saint-Gabriel, des Filles de la Sagesse, des Ursulines de Jésus dont la France et l'étranger ont appris à bénir les services. Séminaires, collège de Richelieu, monastères de Fontenay et de la Roche-sur-Yon, il avait mis la main à tous ces établissements pour les affermir et les développer. Quoi de plus consolant pour l'ouvrier évangélique que de voir prospérer ses œuvres avec l'espérance de ne jamais s'en séparer ! Mais la divine Providence en avait décidé autrement; et c'est pour vous, Mes Frères, qu'elle réservait les derniers travaux d'un ministère destiné à trouver sur le siège de saint Martin son terme et son couronnement.

Monseigneur Colet vous apportait en effet, avec une activité sur laquelle les années n'avaient pas eu de prise, une expérience consommée dans les choses de l'administration spirituelle. Quelques semaines ne s'étaient pas écoulées, que déjà son ardeur pour le travail excitait votre admiration. Avec quelle exactitude scrupuleuse il remplissait tous les devoirs de sa charge ! Quelle application aux mille détails du gouvernement des paroisses ! Que de soins et d'efforts pour maintenir dans le corps sacerdotal la gravité des mœurs, l'honneur et l'intégrité de la vie ! Combien de sages et utiles règlements sur la liturgie, sur la discipline, sur les officialités, sur tout ce qui fait la vie religieuse d'un diocèse ! Et enfin quelle persévérance à interpréter et à mettre en lumière les différents points de cette législation moitié ecclésiastique, moitié civile, qui prend dans le Concordat son origine et sa source!

Il s'est accompli, au commencement de notre siècle, un de ces actes qui dominent l'histoire d'un pays. Si la sagesse politique d'un homme de génie y a eu sa grande part, il faut y voir surtout la conséquence d'une situation qui s'imposait à tout le monde. Il s'agissait de rétablir parmi nous la paix religieuse si profondément troublée par les événements du siècle dernier. Comment y arriver si ce n'est en tenant compte des faits, sans porter atteinte aux principes? Tel est, en effet, Mes Frères, le caractère de ce pacte célèbre, où, par de sages tempéraments, et en s'inspirant de leurs vrais intérêts, les deux puissances posaient d'un commun accord les bases d'une transaction honorable pour l'une et pour l'autre. L'État y prenait l'engagement de pourvoir à l'avenir par de justes réparations du passé, et l'Église y apportait de son côté tout ce qu'elle pouvait y mettre de condescendance et de désintéressement. Aussi l'expérience a-t-elle donné raison à tant d'équité et de modération ; et si, depuis quatre-vingts ans, au milieu de toutes nos discordes civiles, aucun autre pays n'a été moins troublé que le nôtre par des luttes et des dissensions religieuses, nous sommes redevables de ce bienfait à la grande œuvre, qui est encore, à l'heure présente, une garantie sûre de la liberté des consciences et un élément nécessaire de la paix publique.

Personne n'était plus convaincu de cette nécessité que l'archevêque de Tours : il voyait comme nous dans le maintien du Concordat un gage d'union et de sécurité pour la société française. Mais il entendait qu'on appliquât cette convention solennelle de bonne foi, en la respectant dans son esprit comme dans sa lettre. Avec la droiture et la loyauté qui lui étaient naturelles, il ne comprenait pas qu'on voulût faire d'un instrument de paix une machine de guerre, et transformer les liens d'un contrat en chaînes pour l'une des deux parties. Certes il poussait le désir de la conciliation aussi loin que sa conscience le lui permettait ; et, dans ses rapports avec l'autorité civile, on pouvait dire de lui qu'il était disposé à rester en-deçà de son droit, plutôt que d'aller au-delà. L'injustice ne l'en révoltait pas moins ; car il voulait rester fidèle à sa devise tout entière : *Justitia et pax* : la paix, sans doute, mais la paix fruit de la justice, et non la paix dans l'oppression. Éloigné par tempérament des luttes de la parole et de la plume, il n'avait que des encouragements, je le sais, pour ceux que le devoir ou les circonstances appelaient à les soutenir. Plus il mettait de soins à éviter les conflits, plus il était sensible à des peines que sa modération bien connue aurait dû lui épargner. Aussi quelle ne fut pas sa tristesse d'apprendre que dans une ville où la douceur des mœurs exclut toute idée de désordre, les solennités de saint

Martin allaient être privées de leur pompe traditionnelle !
Avec quel empressement ne joignit-il pas ses instances
à celles des autres Évêques de la province pour détourner
de nos congrégations religieuses les actes de violence qui
devaient retentir si douloureusement au cœur de tous
les chrétiens ! Rien ne l'affligea plus vivement si ce
n'est peut-être de voir qu'au sein d'une nation catholique on songeait à constituer l'enseignement des écoles
en dehors de Dieu et de la religion.

Que la question de l'enseignement chrétien demeure
la question suprême et décisive de notre époque, Mes
Frères, votre Archevêque n'a cessé de vous le dire dans
les deux dernières années de sa vie où il semblait que le
pressentiment de sa fin prochaine eût redoublé sa vigilance pastorale. Sans avoir jamais exercé par lui-même
le ministère de l'éducation, Monseigneur Colet n'en
suivait pas moins avec le plus vif intérêt tout ce qui
pouvait s'y rattacher. L'Université catholique d'Angers
honorera toujours la mémoire d'un prélat qui, dès le
premier instant de sa fondation, avait compris la haute
importance de ces foyers scientifiques et littéraires.
Chaque année, nous avions le bonheur de le revoir au
Conseil des Évêques, nous apportant avec les témoignages d'une sympathie profonde le concours de sa
longue expérience des hommes et des choses. Mais là où
sa sollicitude se portait de préférence, parce qu'il y
voyait les plus grands périls pour la foi, c'était du côté
de l'enseignement populaire. Vous n'oublierez jamais ces

trois instructions pastorales qui forment en quelque sorte son testament spirituel, et où, avec une vigueur tout apostolique, il vous rappelait que la neutralité devient une hostilité manifeste, quand il s'agit de l'école primaire, c'est-à-dire de la première formation de l'enfance; qu'il est impossible d'élever l'homme complet, avec son intelligence, son cœur et sa volonté, en dehors de la religion fondement, règle et sanction de toute loi morale; qu'il appartient à l'Église d'éloigner de ses enfants les livres dangereux pour leur foi; et que l'avenir de la France, son retour aux grandeurs et aux gloires de son passé, est dans la pleine liberté de l'enseignement chrétien (1).

Entre ces graves paroles et le moment où ses forces allaient décroître, à peine un mois devait-il s'écouler. L'éducation religieuse et morale des enfants aura donc été sa dernière préoccupation, comme elle fait l'objet constant de nos propres alarmes. Non pas que la souffrance elle-même ait pu éteindre son ardeur pour le travail. Ce sentiment profond du devoir, qui avait été l'âme de toute sa vie, ne pouvait manquer de le suivre jusque dans les bras de la mort. Ah! sans doute, il dut lui en coûter de ne plus être en état d'observer son règlement de chaque jour avec cette exactitude parfaite dont il s'était fait une loi. Quel accent de piété dans ce regret

---

(1) Lettre pastorale du 12 juin 1882 à l'occasion de la loi sur l'enseignement primaire. — Lettre pastorale du 29 novembre 1882. — Lettre-circulaire du 23 février 1883.

si touchant du vénérable malade disant à Notre-Seigneur, le crucifix entre les mains : « Mon Dieu, si vous ne voulez pas que je remonte à l'autel, je me résigne à ce sacrifice, mais je ne me sens pas le courage de vous en remercier ! » Et cette autre parole en réponse à ceux qui le pressaient de prolonger son repos au delà de ses habitudes, comme elle dépeint l'énergie d'une âme maîtresse d'elle-même : « Serais-je donc arrivé à mon âge pour me laisser dominer par mon corps ? » Traiter certains points de discipline, rédiger des plans d'instructions, correspondre avec son clergé, tel fut jusqu'au bout l'objet de sa sollicitude. Comme cet empereur romain près d'expirer et disant d'une voix ferme au centurion qui, chaque matin, venait lui demander le mot d'ordre, *Laboremus*, « Travaillons, » votre Archevêque, une demi-heure avant sa mort, montrait du doigt le travail de la veille préparé pour le lendemain. Quand à l'entrée de la Sainte Quarantaine, ses dignes collaborateurs dans le ministère épiscopal vous parleront au nom de l'Église, c'est encore la voix de votre premier Pasteur, devenue désormais une voix d'outre-tombe, que vous entendrez dans la leur ; et en écoutant ces leçons qu'il vous destinait d'avance, vous pourrez dire en toute vérité : *Defunctus adhuc loquitur* (1). Ainsi devaient se vérifier jusqu'à la fin pour Monseigneur Colet ces paroles de l'Apôtre qui m'ont servi de texte : *Ideo*

---

(1) Ép. aux Hébreux, XI, 4.

habentes administrationem juxta quod misericordiam consecuti sumus, non deficimus.

Quand de telles vies viennent à s'éteindre au milieu de nous, c'est un devoir pour chacun d'y chercher un enseignement. Vous, Mes Frères, qui appartenez aux différentes classes de la société, apprenez par un si haut exemple que, dans n'importe quel rang ou quelle condition, l'attachement à la foi et la pratique des vertus chrétiennes peuvent seuls assurer le bonheur et la dignité de la vie. Et vous, ministres de Jésus-Christ, qui dans un chef justement vénéré pleurez avant tout un père, apprenez à son école que le prêtre doit rester constamment l'homme du devoir et de la règle, s'il ne veut pas déchoir de son sublime état. Vous enfin qui, dans les charges publiques, êtes appelés à diriger les affaires du pays, puissiez-vous comprendre, devant cette carrière vraiment sacerdotale, que l'épiscopat et le clergé ont uniquement en vue les intérêts de la religion et de la patrie. Voilà quatorze siècles qu'en France ces deux grandes causes se confondent en une seule. Vouloir les séparer, pour les mettre en contradiction l'une avec l'autre, ce serait déchirer toute notre histoire. Traditions, mœurs, génie national, tout proteste contre une rupture qui serait suivie d'une décadence irrémédiable. Quoi que l'on puisse dire ou faire, la France restera toujours le soldat de la Providence, armé pour la défense de la foi et de la civilisation chrétiennes : telle est sa mission, telle sa raison d'être. Et l'Église, de son côté, l'Église dont les épreuves semblent devenues inséparables des nôtres, ne cessera jamais de bénir une nation qui lui a rendu et qui lui rend encore de si grands services. Les hommes ne peuvent rien contre les desseins de la Providence : alors même qu'ils cherchent à les combattre, ils en deviennent malgré eux les instruments dociles. A travers tous les événements qui agitent la surface de notre pays, une chose reste au fond, toujours la même, cette alliance indissoluble de la religion et de la patrie unies dans l'intérêt de leur commune grandeur.

Si tel est, comme nous l'espérons, le résultat de nos efforts, vous n'y aurez pas peu contribué, vénérable Frère, par une vie consacrée tout entière au service des âmes. Avant de reprendre le chemin de mon diocèse, laissez-moi déposer sur votre tombe ce dernier témoignage de mon respect et de mon affection fraternelle. Un jour viendra où je devrai à mon tour aller rendre compte à Dieu d'un ministère qui déjà se prolonge dans une vie moins paisible sans doute que n'aura été la vôtre. Le souvenir de vos vertus me restera comme une lumière et une force. La divine Providence nous avait rapprochés dans cette belle province de Tours où saint Martin est demeuré le modèle des évêques et des prêtres : puissions-nous également être réunis et pour toujours au sein de l'immortalité bienheureuse ! Ainsi soit-il !

Angers, imprimerie Germain et G. Grassin, rue Saint-Laud. — 04-84.

www.ingramcontent.com/pod-product-compliance
Lightning Source LLC
Chambersburg PA
CBHW060605050426
42451CB00011B/2098